사과다방

변재섭 시집

시와사람

사과다방

2024년 10월 10일 인쇄
2024년 10월 15일 발행

지은이 변재섭

펴낸이 강경호 편집장 강나루 디자인 정찬애
펴낸곳 도서출판 시와사람
등록 1994년 6월 10일 제 05-01-0155호
주소 광주시 동구 양림로119번길 21-1(학동)
전화 (062)224-5319   E-mail jcapoet@hanmail.net

ISBN 978-89-5665-737-0   03810

값 12,000원

* 잘못된 책은 구입하신 서점에서 바꾸어 드립니다.
* 지은이와의 협의로 인지를 붙이지 않습니다.
* 이 책은 전라남도, (재)전라남도문화재단의 후원을 받아 발간되었습니다.

이 도서의 국립중앙도서관 출판예정도서목록(CIP)은
서지정보유통지원시스템 홈페이지(http://seoji.nl.go.kr)와
국가자료종합목록 구축시스템(http://kolis-net.nl.go.kr)에서
이용하실 수 있습니다.

사과다방

ⓒ 변재섭, 2024

이 책의 저작권은 저자에게 있습니다.
저작권에 의해 보호를 받는 저작물이므로
저자와 출판사의 허락 없이 무단 전재와 복제를 금합니다.

■ 시인의 말

무엇으로 사는가.

사각에 발목이 잡혀 있다.
굴렁쇠 굴리는 아이는 아직
도착하지 않고.

그래도, 저
하늘을 날자꾸나.

2024년 10월
변재섭

사과다방 / 차례

시인의 말 · 5

제1부 오래된 먼지

14 오래된 먼지
15 사과다방
16 복수초
18 리버마켓
20 늙은 말
21 파란
22 참 편하다는 말
24 자화상
25 드라이플라워
26 고양이를 쫓다
28 봄이 오는 축령산에서
29 솟대
30 백곰 공화국
31 바보
32 곶감
34 백합

붉어지다　36
동백꽃 앞에서　37
라면　38

제2부　오래된 먼지

알로하오에　42
붉은 강　44
춘향을 만나다　45
문학기행 초綃　46
북춤　47
먼 데　48
월광곡　49
땅거미와 같이　50
모시나비　51
사루비어　52
파도　53
도화를 보아야겠네　54
암호　56

57　조약돌
58　네가 있어 봄이다
59　입춘
60　진눈깨비
61　엽서
62　배달하지 못한 편지

제3부　가장 하얀 그러나 가장 검은 말

64　환한 어미
65　가장 하얀 그러나 가장 검은 말
66　겨울로부터 봄은 온다
67　아궁이
68　성냥
70　다랭이마을
71　섬 동백
72　봄까치꽃
74　호미 여자

폐자전거　76
몸의 노래, 물의 노래　78
그믐달　79
송악의 여자　80
우화羽化　81
향기　82
물들다　84
행복론　85
참 잘했어요　86

제4부　바람의 집

바람의 집　88
그래도　89
코끼리를 읽다　90
문틈으로 들어가는 황소를 본 적이 있다　91
숨구멍　92
꽃의 눈물　93

94　꽃 친구
95　몽돌
96　장미 지다
97　구더기를 낳은 새
98　물의 소리
100　학鶴
101　코스모스의 띠
102　정리
103　저물녘 강물소리
104　산다화
105　드림
106　말의 궁전

작품론
101　삶·생명·사랑의 변주와 '말'의 육체화 / 강경호

사과다방

제1부

오래된 먼지

오래된 먼지

먼지 뭉텅이 웅크려 있는
깊은 곳집 빨간 버튼을 눌러버렸다
바람 한 점 없던 고요 재재 바르고 폭풍이 몰아친다

바람의 가닥
바늘 끝이다 희번덕이는 칼날이다 퍼런 도끼다

목 잘리는 꽃 쓰러지는 나무 찢어지는 하늘……

널브러진 잔해의 흙바닥
주저앉아 있다, 선생님에게 이유도 모르고 귀싸대기 맞던
꺼억 꺽 속울음 울던 아이

톡, 던진 너와 덥석, 받아 안은 나는 망연자실했다
쪼개진 바위 아래 너는 깔리고 진흙탕을 나는 뒤집어쓰고

화약 냄새가 났던가 그 한 마디 말

수전증의 손을 내민 붉은 사과는 에탄올 냄새가 나는가

사과다방

지금은 사과가 붉게 익어가는 계절
허름한 건물 2층과 3층 사이 하얀 바탕의 주홍색
저곳에 가면 왠지 사과향의 미소를 가진
다홍 스란치마의 주인이 있을 것 같고
누가 먼저랄 것도 없이 봄바람처럼 내어 민 붉은 사과를
덥석 한 입씩 베어 물고 단내 풍겨 웃음 짓는
청춘남녀가 사과로 앉아 있을 것 같고
날개 달고 타오르던 불이 꺼진
손을 맞잡은 손들의 가슴으로 샘솟는 단물이
졸졸 흐르고 있을 것 같다
지난여름 모진 태풍을 견디어낸
사과들 옹기종기 모여앉아 있을 것만 같아 문득
가슴이 뜨거워져 가깝고도 먼 한 사람
그에게 홍옥 한 알 저곳에서 건네고 싶다
사과가 되고 싶다.

복수초

정원 벤치에 앉아 멍때리고 있었다
갑자기 몸이 흔들렸다
주위를 둘러보았으나
바람 한 점 보이지 않는다
이상하단 생각을 접고 다시
멍때리는 시간
또 몸이 흔들렸다
분명 몸이 흔들린 게다
눈을 부라려 둘러보았으나
바람 한 자락 나뭇가지를 스치고 지나갈 뿐
핸드폰을 열심히 뒤졌으나 아무것도 없다
괴이하다는 생각에 그만 자리를 뜨려는데
아뿔사!
식나무 아래다
렌즈에 산앵두만 한 머리통이 잡히는 게 아닌가
모가지가 긴 머리통이 둘,
빠끔 내민 솜털 보송한 머리통이 둘이다
저 작고 여린 것이?
순간 또 한 번 흔든다
정수리를 보인다 이제

하늘을 찢어 흔들고
내 뿌리를 일깨울 일이 남았다

리버마켓*

 슈퍼마켓에서 목숨을 위해 아니 솔직하게 말하면 온몸 짜릿하게 퍼지는 전율을 위해 골라잡는 상품들 금세 쇼핑카 한가득이지 냉장고를 가득 채우고 마음대로 골라먹는 재미라니 넓은 집에 살고 멋진 옷에 폼 재는 재미도 재미지만 맛있게 먹는 재미 그 중에 제일이지 맛집 찾아 개미 떼처럼 엉겨드는 저 무리를 보면 틀림없는 진리이지 티브이를 켜보지 꿀떡 침 넘어가는 비주얼의 먹방 언제든 볼 수 있지 이제는 즐기기 위해 먹는 시대다 지나간 오늘은 다시 오지 않는다 게걸스럽게 즐기지 먼 거리 원정도 결코 사양하는 법 없지만 요리해 먹는 재미 또한 기름이 좔좔 흐르지 걱정은 그야말로 기우 친절한 티브이에 인터넷창 두드리면 레시피는 무궁무진 다리를 꼬고 앉아 유혹하지

 리버마켓에 가기 위해 나섰다가도 금강산도 식후경이라는 생각 꽃구름처럼 피어나지 집 나서며 잰 화살은 이미 흔적 없는 허공이지 발걸음은 아니 벌써 슈퍼마켓으로 향하지 이내 쇼핑카 한가득 실어 냉장고를 가득 채우지 구워먹고 볶아먹고 팽팽해진 북을 개선장군처럼 두드리며 리모컨을 찾아 소파에 퍼질러 지지 눈물을 요구하

는 고양이집 따윈 혀 한번 끌끌 차고 잽싸게 치우는 스팸이지 색깔 고운 비주얼에 군침을 흘리며 다음 메뉴를 정하지 그래서 마켓은 또 새로 문을 열지 그럼 오픈 세일 오 굿 전단지를 챙기지

  번쩍, 달력에 동그라미 하나
  코앞에서 뻘건 눈 부라리고 노려보네

  그래, 간다, 오늘은 학처럼 사는
  강마른 시인께, 귀띔을 받고도 한동안 미뤄 두었던

  무지갯빛 홍두깨가 심장을 다듬질 한다는
  거기,

* 정신의 활력을 얻을 수 있는 아름다운 풍경의 강변이나 호숫가

늙은 말

 꽃봉오리 앞에서 문득 불 꺼진 방, 벌레들이 우글거린다. 분명 나의 방은 잘 정돈되어 있다. 옷은 옷걸이에 책은 책꽂이에. 인디밴드처럼 노래하고 춤추는 날벌레들. 창문은 굳게 닫혀 있다. 벽지는 울지 않고 방바닥은 말끔하다. 그런데 어디에 숨어 있던 것일까. 때로는 거북이 때로는 치타가 손때 묻은 책 속에서 한 주먹 문장을 떼어내 등잔에 붓고 이내 불을 켠다. 채굴을 위해 다시 갱으로 깊이 들어간다. 등잔 가득 채우기까지 노동이 지속되는 사이 조개들이 문 밖에 내어 밀었던 혀를 거두어들이기 시작한다. 잠들기까지 기름이 떨어지지 않기를. 이윽고 문은 닫히고. 허리를 편다. 자주 근육이 풀리는, 나의 늙은 말. 꽃아 문 열어라! 캥거루처럼 꼿꼿하게 서 있다.

파란

파란의 한 때
시집을 펼쳐 읽다
파란에 멈추어 서서
매콤달콤짭조름을 곱씹다
아~ 밀려드는 눈물의 파란이 문득
독일에 떨어진 파란에게는 더 이상
파란 파란이 사라진 낙엽만 뒹굴 뿐이었다고
생각의 파란이 일어
잠시 파란이 서던 내 문장에
잠시 어리던 파란이
파란처럼 떨어져 다시
파란 없는 파란의 때
그대를 만나 그래도
시집 속 파란의 문장을 혀끝에서
비단처럼 굴려 보낸 나의 파란이
파란의 파도를 일세우고
엉거주춤 파란을 끌안은 채
결코 파란의 낙엽은 눈 주지 않으며
파란 파란을 꿈꾸던 걸 반성하며
잠시 빛나던 파란을 위안하는
다시 파란 없는 파란의 때.

참 편하다는 말

하이타이와 아세톤으로도
민소매 치마의 얼룩이 지워지지 않는다고
투덜대고 앉았더니
활짝 핀 살구꽃 같이 총총 안방으로 든다
반짇고리를 들고 나와
색실을 꺼내고 꿰어 수를 놓는다

하나 사지 그랬더니
입은 것 같지 않게 착 몸에 감겨
참 편하다 한다

참 편하다는 말,
오래 입어서 부드러워졌다는 말, 까칠하던 성깔이
부대끼는 세월 속에서 시나브로 익숙해졌다는 말
오래 흘러온 우리, 그리 부드러운가
나에게 묻는 이 향기는 어디서 오나

얼룩자리에 오색 꽃 한 송이 피었고
두 나비 날아들었고
꿀벌들 날아오고 있다

〈
철없는 아이처럼 어떠냐고 묻는
아내의 내려앉은 가슴으로

자화상

산에 들고
산을 넘어도 보고

물에 들고
물을 건너도 보고

해 저무는 바닷가
밀려드는 파랑 앞에 서 보았네

거리로 돌아와 부대끼며
휘달리는 사이 순식간에 나사는 풀리고

언제 애간장을 끓였느냐 다시
시궁물 쏟아내고 뒤집어쓰는

반편이가 되고 마는
너는

그래 너는
반편이로 살다 죽을밖에

드라이플라워

 꽃잔치 강변에서 운동 겸 꽃구경하다 출출하여 읍내에 들었다 빛과 향기에 취한 나는 콧노래를 흥얼거리며 이불집과 금은방이며 전자대리점 대형화면 속 여자를 힐끔거리며 셔터가 내려진 은행 앞을 지나 아는 백반집을 찾아가고 있었다

 분식집 앞을 지나는데 안경점 앞에서 보았던, 조금은 퍼진 여자에게 허리 숙여 깊게 인사하던 그가 거기 서 있었다

 천 원짜리 지전을 건네고 받아든 한 줄의 김밥, 썰지도 않은 김밥을 우리 벗어난 염소가 풀꽃 뜯어먹듯 뜯어먹으며 잠깐씩 눈을 감는 그의 얼굴, 그 어떤 꽃보다도 밝게 빛나고 있었다 곁을 지나는 얼굴마다 하얀 미소가 입에 물려 있었다

 김밥을 뜯어먹었다 그런데 내겐 한 점의 눈도 주지 않았다

고양이를 쫓다

서산마루 걸터앉은 붉은 해를 바라보다
접어든 골목 이끼 앉은 구석
어린 것이 웅크려 앉아
나를 유혹한다

바람 한 점 없는 저
하염없이 깊은 호수를
누가 여기 옮겨 놓았나

그냥 갈 수 없다
호수는 반짝여야 해
돌멩이 하나 주워들고
뒤를 쫓느니

길이 보이지 않는다
막다른 골목 어둠 속에 주저앉은
사내를 쫓느니

춤추어라 호수여
춤추어라 춤추어라

축문을 외며 풀숲으로
풀숲으로 쫓아갔느니

십오야 둥근달이 산마루에 퍼질러 앉아
너털웃음을 웃고 있었다.

봄이 오는 축령산에서

유난히 길었던 겨울,
샛강 풀리는 소리 따라
힐끔거리며 뒤돌아보며 멀어져 가는
그의 뒷모습 좇아
축령산 편백나무 숲에 든다
하늘로 솟은 아름드리
늘 푸른 나무, 치어다보는
아스라한 거기
유다가 지나가고
동주가 지나간다
회색옷 무리도 지나간다
우죽우죽 저 나무는
오로지 태양을 좇아 길을 내었으리니…
지금까지 어디에 있었나
차고 이우는 달의 시간 속에 초점은
오래 빛을 잃고 포복하고 있었다
그래, 지지 않는 오롯한 나의 태양
지금 어디 있나
어디 있나
나는

솟대

살아서는
아무도 거들떠보지 않았다

잘린 모가지에
날지 못하는 새 받아 앉히자
동구를 나드는 이마다
무명의 마음 받을 수 있었다

그믐밤에 구천九天으로 날아가
속울음들 꺼억 꺽 울어주다 첫새벽
닭 울기 전 돌아와 꼿꼿하게 서는

저, 쓸쓸한
죽어서 빛나는 생

정월대보름 타오르는 불길 속에서
훨훨 치솟아 오르는 긴 꼬리
불새를 보았다 들은 적 있던가

그 앞에서 나
얼굴 붉힌 적이 있던가

백곰 공화국

털이 희고 덩치가 큰
백곰이라 불리는 개가 있다
한때 사냥개였던 그는
두 번만 보면 척 알아보고
진짜 백곰인 냥
앞다리 세우고 앉아
진경 보듯 먼 산 바라보지만
낯선 이에겐 곤추서서 드러낸 누런 이빨 사이
등골에 얼음 끼는 경고음을 비릿하게 흘리는
그는 백곰아~ 토란잎에 이슬 굴리는 말
가장 좋아한다 말아 올린 꼬리 살랑살랑
최대한 품위 있게 흔들어대며
중앙통에 사는 그를
사냥개는 사냥개일 뿐
혀를 차는 이 더러 있지만
동네 잘 지키고 있다
많은 이가 혀를 말아 백곰아~
부르는데 주저함이 없다
시인인 나는 먼 산 불구경하듯
그냥 구경하고 산다.

바보

규정 속도로 달리고 있다
씽씽 추월해 가는 자동차들,
승용차건 덤프건
따라오는가 싶으면 어느새
저만치 앞서가다 사라진다
무엇이 저리 페달을
깊게 밟도록 하는 것일까
빨리빨리, 뒤에서 채찍을 휘둘러
몰아붙이는 게 무엇일까
십여 킬로의 거리에서
수십의 자동차는
거친 숨 내뱉으며 치고나갔고
앞과 뒤 두 대의 자동차는
끝내 사라지지 않았다
내 얘길 듣는 많은 이가
흐름을 타지 못하는 민폐의
바보들이라 낄낄 웃는다
짐짓 바보가 된 나는
울상으로 낄낄낄 웃는다.

곶감

맨사뎅이 몸이에요
실오리 하나 걸치지 않은

금세 황홀에 빠질
발갛게 농익은 보드라운 살이에요
혀를 가볍게 돌려가며 느껴주세요

당신을 위해, 한 겨울 내내 목이 매여 대롱거리며 쪽잠에 북풍으로 단련하고 단련한 몸이에요 그러나 걱정 마세요 근육질을 만들지는 않았어요 머리띠 두른 근육을 세우면 당신, 미간을 구기고 담장 밖으로 밀어내 버리잖아요 그래 본성은 죽이고 보드랍게 말랑하게 달콤하게 그리고 최대한 색깔 있게, 재회한 애인 역 발레리나처럼 춤추기 원하는 당신 혀를 위해 이 악물고 버티는 거예요 아차, 하는 순간 그만 바닥으로 떨어지면 산산이 부서져 그걸로 끝이잖아요 쓸어내면 그만이죠 별반 개의치 않는 그야말로 개죽음이죠

아침 창에 그늘 한 점 없죠?
선명한 색깔로 잘 성숙되었죠?

벌써 침이 고이나 봐요

자, 벌리고 살며시 넣어주세요

음- 황홀히 춤을 추는 당신의 혀

그래 그래 굳의 Good The End죠

백합

　여의도 쓰레기통 속의 썩은 망치자루 이야기 듣보다가
　찧어대는 붉은 방앗입에서 나오는 뜨거운 모래바람을 보다가
　더위를 먹었나 머리가 아프고 구토가 일어나
　방앗잎에 백합을 말아 먹다가
　어젯밤에 밥이 되지 않는 시를 많이 읽기는 했다고 반성하다가
　문득 두레박샘물에 간장과 사카린 풀어 국수를 말아 주던 엄니가
　대발 평상에서 단숨에 후루룩 먹어치운 내가
　말아먹은 전답이 얼마인가
　손가락 접어가며 이맛살을 살짝 구기다가
　반성의 꽁초를 까 침 발라 일력日曆에 말아 먹다가
　말아먹은 것들아 미안하다
　후우 한숨을 놓다가
　훅 끼치는 거울 없는 쓰레기통 속의 냄새에 깜짝 놀라다가
　간장과 사카린과 국수를 샘물에 말아 먹듯이 너와 나의 그것을 말아 먹을 수는 없는 것일까
　생각하다가

다시 머리가 아프고 구토가 일어나
말아먹은 그 백합을 방아 한 잎 크게 말아 먹었다

붉어지다

 씨앗이 제 몸빛과 다른 초록의 새싹을 틔우고, 나무가 제 몸빛과 다른 초록의 잎 내다는 걸 보았습니다 초록 잎 무성해진 나무가 하양 빨강 노랑으로 꽃 피우는 걸, 그 꽃 진 자리 초록의 열매가 맺히고 몸피를 불리며 붉어지는 걸 보았습니다

 처음에는 빨갛게 변하는 게 태양의 까닭인 줄 알았습니다
 그러던 어느 날 와삭 베어 물고 알았습니다 누군가 제 속살을 환히 굽어보며 아삭아삭 씹을 것을, 한 점 살까지도 적나라하게 드러내 보여야 하는 그것을 부끄러워서 부끄러워서 붉히는 까닭이란 걸

 많은 사람들을 보아 왔습니다 그러나 본색이 변하는 걸 본 적이 없기에, 변하지 않는 것이 사람의 숙명이라 생각했습니다
 제 살을 내어주는 경우가 별로 없어서 그럴까요

 그런데 거무스레한 얼굴이 열매 붉어지듯 붉어지는 걸 나는 보고야 말았습니다 진눈깨비 날리는 찬바람 부는 고아원 입구에서, 산동네 골목길에서

동백꽃 앞에서

저 황홀한 자태를 보라

티 없이 맑은, 하늘 미소 짓고 있다
활-짝 가슴 열어 희열을 펼치고 있다

사막 거처에서 이제 막 돌아오는 수도승처럼
부끄러워 부끄러워하면서
탄성으로 번져 오는 저 절정의 환희

경전을 읽듯, 보라 그대여
완벽이란 없다
다만 얼마나 엄숙하고 숭고한 것이겠느냐

바람에 흩어질
그림자 움켜쥐고 우쭐대며 사는
나여

라면

먹지 않는다 꾸불꾸불한 면발
어디가 시작이고 어디가 끝인지 알 수가 없다
출출할 때 야식으로 먹으면 쿨쿨 잠이 온다는
속상해 술을 퍼마시고 쓰린 속을 달래기 위해서는
얼큰한 국물이 그만이라는 라면을
나는 아무리 배가 고파도 먹지 않는다
연초록 이파리들 가슴에서 나부끼는 5월, 라면을 자주 먹어
흘러내리는 바지춤을 부여잡아야만 거리에 설 수 있었다
가문 날들에 밀려오는 먹구름이라면
다시없는 일출의 사랑이라면
해도 나는 라면을 먹지 않는다
똬리 틀고 들어앉은 붉은 혀를 날름거리는
부푸는 애드벌룬에 이빨자국을 남기는
배암, 라면을 먹으면 밤하늘의 별을 세는
수많은 밤 눈두덩이 붓는
더러는 극지에서 홀로 날밤을 지새우는
해일에 휩쓸린 황폐한 뭍이 되는
허무의 바다에서 태양이 자맥질하는
라면을 가끔 먹는 사람이라면
라면의 진미를 아는 미식가라면

라면을 먹지 않는 나에겐 라면이 라면일 뿐이다
승천하노라면 황룡이 되고
승천하지 못하노라면 이무기가 되는 라면
얼큰한 맛 시원한 맛 달콤한 맛……
침이 도는 별별 맛으로 아무리 꾀어도 먹지 않는다
일 년에 한두 번 아내가 끓여주는 라면은 맛있다며 먹는 나는

제2부

도하를 보아야겠네

알로하오에

알로하오에 알로하오에
어디선가 노랫소리 들려온다
알로하오에 알로하오에
어느새 따라 부르고 있다
알로하오에 알로하오에
따라 부르다가
토방에 서서 햇빛 사냥하는
알로에 있어
알로에 알로에
혀끝에 굴리다가
알로하오에 알로하오에
푸른 하늘 가로지르는 쇠백로를 보다가
알로에 알로에
생일 아침 미역국을 먹으려다 그만
허벅지에 쏟고 말아 펄쩍펄쩍 뛰다가
반으로 갈라 덮어준 알로에
한 손은 누르고 한 손은 등 다독이며
자책하시는 어머니 앞에서
화기가 가실 때까지 한 나절을 울었다
미역국에 덴 그 때, 엉엉 울었던 그 때보다 오래

울었던 적이, 사흘 밤낮을 울었던 적이
딱 한 번 있다
알로에를 붙일 수도 없어
속수무책으로 울다가 믹서에 갈아
한 사발 들이키고 해 하루를 더 울다가
저물어가는 강물에 가슴을 씻고
한 그릇 밥 다 먹은 적이

알로하오에 알로하오에……

붉은 강

버들가지 사랑 사랑
그네 타고 있었다
맑고 높은 하늘
구름 한 점 없었다
등 뒤에 회오리 한 올
벼락처럼 지나가고
톡
톡톡
빗방울들, 쏟아지고 있었다
불어나고 있었다 붉은 물
건너야 하는가
건너야 했다
건너야만 했다
신발 벗지 못하고
붉게 젖으며 강
건너야 했다
푸른 하늘
새끼손가락 낮달 하나
달랑 걸어놓고

춘향을 만나다

따가운 봄 햇살 피해
휘늘어진 버드나무 기대앉아 있었다
종내 소식 없는 사람 수소문하던 중이었다
버드나무 굵은 팔뚝 잡아맨 그네 타고 있었다
연분홍치마에 쪽빛저고리
밀어주는 사람도 없이 혼자 앉아 있었다
인사를 건네자 춘향이라 했다
향단이도 이도령도 자기 곁을 영영 떠났다 했다
자기네처럼 아름다운 사랑 본 적 있느냐 했다
아주 먼 나라 얘기지만 로미오와 줄리엣의 사랑이 있었다
귀밑머리만 풀고 앉아 기다리다 기다리다
초록재와 다홍재로 내려앉은 사랑도 있었다
백석과 나타샤의 사랑도 있었다
'님아, 그 강을 건너지 마오' 사랑도 있었다
물 차오르는 수몰지구, 헤어진 한 동네 어린 연인
잊히지 않아 삼십 년을 홀로 살다 우연히 재회한……

햇살의 기운이 한풀 누그려져 있었다

문학기행 초綃

 찬비 맞아 얼어 잔
 백호를 나주 문학관에서 빠끔히 엿보다가

 아마 모르긴 몰라도 한우의 마음
 쪽빛이었으리 쪽빛바다 쪽빛하늘이었으리
 쪽 박물관에서 생각의 옷고름을 풀어 보다가

 목포 문학관에서
 가늠 수 없는 푸른 불꽃 두 청춘이 기어코 쪽빛바다가 되는
 합일의 그 비상의 날개짓에 울컥 가슴 찌르다가 박수 보내다가

 강나루 버드나무 아래서
 전장으로 떠나는 이에게 가지 꺾어 흔들며 쇠눈 눈길은 먼 산에
 눈물 적셔야 비로소 보이는 빈 책장을 넘기다가

 창문의 밖에는 눈이 소복이 쌓이고

북춤

하늘에 북
두웅

울리고 가는
검은 새 한 마리

누구일까

생각하는 사이

가슴 안에서 둥
두둥둥

북춤을 추고 있는

아 꽃다지
연두의 사람 하나

먼 데

먼 데 있는
당신은 뜰에 앉는
다문다문 싸라기 소리
백련지 연잎 밟고 가는 소낙비 소리
코끝에 내려앉는
야래향 꽃술
눈 감지 않아도
문득 밀려와
치잣빛 아침노을 번지는
먼 데 있는
나는 푸른 산 얼크러진 수풀
치달리다 지쳐 돌아온
늘 그 자리 눕는
한 마리 사슴

월광곡

강변의 '월광' 바에서
풀벌레 관악단의 합주곡을 듣는다

둥근 두 달을 보는데
협곡에서
달 하나가 살포시 솟아오르고

달아 달아 밝은 달아
옛사람이 놀던 달아*

떠오르고 싶다
…노피곰 도다샤
어긔야 머리곰 비취오시라**

* '달타령' 부분 빌림
** '정읍사' 부분 빌림

땅거미와 같이

어스름이 저만치 산발치에 서 있다
아카시아 꽃향기는 어디서 오나

산들바람에 폐부 깊숙이
그 향기는 스미고

어두워지는 사이
땅거미와 같이 스멀스멀 걸어오는 사람아

살구꽃 노을
이 꽃향기는 어이해서 오나

모시나비

뒷머리에 모시나비가 앉아 있다
아는지 모르는지 그냥 가고 있다

비 오는 날이었다
그 여자 꽁무니를 따라갔다
설익은 얼굴 좇아 꽤 오래 걸었다

우산을 접는데도, 문 열고 카페로 드는데도
그대로 앉아 있다

빗줄기 때문일까 향기 때문일까
참 희한한 일도 다 있다 하기야 세상엔
이해되지 않는 일이 어디 한둘인가

사무실 모니터를 켜는 순간, 번개가 번쩍

나비야 나비야 이리 날아오너라
푸른 허공을 휘저으며 헤매 다닌, 어젯밤이

헐레벌떡 문을 밀치고 들어선 카페
없다, 그녀

사루비어

오월에 떠나간
그 사람 잊고자 사루비어를 심었습니다

꽃은 붉어가서
한여름 폭염 속에 선혈처럼 붉어가서
마침내는 잉걸불로 타올라서
그만, 가슴에 꽃이 되고 말았습니다

세월 가도 지지 않는
뽑아지지도 않는 꽃

파도

한시도 거르지 않고
낮과 밤을
연주하며 직조한다

비단결같이 보드라운 모래사장을
구릉의 능선을 타고 흐르는 해조음을

끝이 끝과 만나
빚어내는
아, 슬픈 황홀의 물보라

등을 진 너와 나
끝에서 만나야 하겠네.

도화를 보아야겠네

그대가 남기고 간
발자국에
비는 내리고
물이 고이고
찬바람 더운 바람 드나드는
사이, 비는 내리고
웅덩이에 바람 잔 밤
별이 뜨고 지는
사이, 비는 내리고
꽃잎이 나뭇잎이 연못에
뱃놀이 하는 사이, 비는 내리고
호수는 들판 내달리는
망아지였다가 산에 갇혀
산그림자나 품는 거울이었다가
오늘은
오늘은

마른, 거짓말같이 마른 땅
복숭나무 한 그루 심겠네
〈

그대와 나
그날엔
그날에는
도화를 보아야겠네.

암호

사랑하는 이가 나에게
사람들 속에서 오른 눈을 찡긋,
그 암호 금방 읽어내었듯이
떨어지는 낙엽에서
하늘 나는 구름에서
전송된 암호를 찾고 있다
숨은 그림을 찾듯
버스에서 휴대폰을 들여다보기보다
지나가는 가로수와 들판의 허수아비와 산
그리고 편백나무 숲의 고요에게 무한히 타전하는
반딧불이의 발광과
거기 숨 쉬고 있는
무의미와 허망이 희망과 기쁨이 되는 암호
저 우주의 은하에도,
저 깊고 푸른 바다 속에도,
저 어린아이의 웃음에도, 저 작은 들꽃에도,
지난날의 아름다운 추억에도,
결코 돌이키고 싶지 않은 아픈 기억에도
빛나는 암호, 결국 하나였다
눈을 감는 그 순간까지 나는
너에게 그 암호이고 싶다

조약돌

나 오늘 물었네

봄바람이야 허나,
부드러운 혀 따뜻한 솜 빛나는 꽃 가뭇없고
드러누운 이정표 불쑥 큰 탱자나무 발톱 세운 늑대가

난독과 오독이 난어와 오어가

소용돌이, 뼈 없는 불기둥을 세웠느니

산 넘어 강가에 나가
조약돌 하나
물었네

그대에게 물로 가려

네가 있어 봄이다

바늘 하나 허락하지 않는 아집같이
꽁꽁 얼어 있는 계곡
두루 두루 두루미 북쪽으로 날아가고

실바람 뒤쫓아 와
실핏줄에 졸졸졸 피를 돌리고
살 오른 가지에 꽃눈 돋아나서
매화향이 후각망울 춤추게 한다고
봄이 아니다

내 곁에 네가 있어 봄,
춤추는 봄이다
먼 그대여

입춘

차갑게 언 땅에서
봄은 온다

혹한 속
단단하게 얼어붙은 땅을 뚫고
메마른 낙엽 사이로
기어이 봄은 온다

얼음새꽃,
불로 다가와
물로 흐르게 한다

보아라
저 각시멧노랑나비
가슴 부셔

사랑이란
틈이 없는 거다

진눈깨비

진늑골 그 어디쯤이 쑤신다

맑은 하늘에 가뭇없는 비행운이 태어나서
눈동자는 국화송이를 꿰뚫고 있었다
그러나 낙엽 밟는 소리는 그늘의 밀도를 조이며
정수리를 두드리며 기어이 내게로 와서
통증의 보폭을 좁히었다
그랬다 우리는
차마, 등을 보였고
하염없이 눈길은 멈추지 않았다
고춧가루 날아든 듯 눈이 아렸으나
그뿐이었다

푸른 숲을 떨치고 흘러온
강물은 어느새 먼 파도소리 듣는데
진늑골 그 어디쯤을 들쑤시고 있다

엽서

– 고 임형신 시인께

구름이 해를 가려
서강에 서다

눈이 시린 하늘 아래
납작 엎드려 있다

허위허위 길을 걸어
주막거리에 주저앉아 강울음 소리 들으며
날아다니는 시, 먼 사람의 길 위에 날아다니는 시*
주머니에 그러담는
그림자여

한잔 술 길에다 권하고,
기울이는 사이

얼굴만 어룽대는 거울 속
붉은점모시나비
홍련 버는 서녘을 날다

*임형신, 「서강에 다녀오다」에서.

배달하지 못한 편지

산더미로 쌓여 있다
장성의 호숫가 북상우체국에는
주소와 수취인 분명하게 적혀 있으나
마을로 들어가는 길이 없어
배달하지 못한 편지
가뭄에 콩 나듯, 수몰기념관을 찾았다 미끄러진 발길이
이름 석 자를 발굴하고는
함박꽃 활짝, 그 꽃잎에 이내 이슬은 맺히고
떨리는 손 달래며 답장을 쓰기도 하지만,
보낸 이의 꽃노을 차마
꺾을 수 없어 반송하지 못하는,
덕재 철수가 가평 영구에게
기동 용이가 수성 순자에게
도곡 영태 씨가 신광 정식 씨에게……
사연이야 쓰고 달고 매워도
보고 싶다 보고 싶다 꼭 한 번 보고 싶다
눈물 두어 방울 잠자고 있는
편 지 들

제3부

가장 하얀 그러나 가장 검은 말

환한 어미

 소읍 정류장에서 버스 기다리다 젖병 물려줘도 마냥 우는 아기에게 주저 없이 돌아앉아 앞섶 풀어 젖 물리는, 힘차게 빨아대는 얼굴 그윽이 내려다보는 저 환한 어미.

 지나가던 백로가 한 소리 뽑자 모두 고개 돌려 하늘을 본다.

가장 하얀 그러나 가장 검은 말

괜찮다 괜찮다 나는 괜찮다

흰 갈기 휘날리며 푸른 초원 내달리는,

언제나 천일염 같은

어머니의 말 떼

겨울로부터 봄은 온다

겨울이 없으면 진정
봄이 아니다 하여
봄은 와서 우리에게
노래를 부르게 한다
지난겨울 새우잠 자던
어린 나무들이 입술 내밀고
노래를 부르고 있다
노래에서 소금이 떨어진다
나는 소금을 주워 먹는다
그 어떤 염전의 소금보다
짜다 너는 세상의 소금이니라
휘파람 불며 걸어 든 거리
담 밑에 웅크려 앉은
봄나물 한 바구니
2천원에 팔리고 있다
다목다리 어머니의 봄은 벌써
지짐 위에 진달래꽃 피어 있고
모란꽃이 활짝 피어 있고

아궁이

천사가 분명하다
참나무 장작의 저 뜨거운 불
죄다 목구멍으로 받아 삼키며
잔기침 한 번 하지 않는
아궁이
매캐한 연기는
하늘 향해 처든 항문으로 내뿜으며
나에게 서정 한 사발 먹여 주고
종국에는 서쪽 하늘에
저녁노을 불러낸다
그리하여 눈길을 헤쳐 오느라
늦은 귀가의 사람에게
언 발과 젖은 눈의 하루를
눈 녹이듯 녹여내는
달구어진 구들방의 잠자리를 마련해주는
흰 구름 몇 점 하늘로 파랑새 날게 하는
아궁이는
분명하다 천사거나 어머니거나

성냥

성냥개비 하나 꺼내
불꽃을 일으켜
아궁이에 불을 댕긴다

두리반에 옹기종기 둘러앉아
빈찬貧饌에도 수저 부딪는 소리,
마른 논에 물차는 소리

밥이 되고 국이 되는 사이
골강骨腔에 골이 하나씩 빠져나가는 걸
그녀는 알고 있었을까

가슴 울리던 시절은 어느새
치마폭을 바람처럼 다 빠져나가고

몇 개비 남지 않은 터엉 빈 몸
축 늘어져 내린 뱃가죽에 불꽃이라니
도저히 가당치가 않아

〈

요양병원에 누워
기억이라곤 좁쌀 한 톨만큼도 없는
누군가 주는 밥그릇, 여력을 다해 비우고 있다
가윌 누르는 고요에 갇혀

이제, 마지막 불꽃이 피어나면
바싹 마른 인사와 함께
허울마저 불길로 날아갈 일만 남았다

다랭이마을

남해를 내려다보고 있었다
어머니의 앞치마
쪼가리 천을 이어 만든
그 잇대어진 길을 따라
흔들리는 사막의 배를 타고
리듬에 맞춰 느릿느릿
붉은 노을 속으로
흘러 들어갔다 눈앞에
펼쳐진 소금 사막을 지나자
개망초 꽃밭이 맞았고
개망초 꽃밭을 지나자
봉숭아 꽃밭이 맞았고
봉숭아 꽃밭을 지나자
양귀비 꽃밭이 맞았다
양귀비 꽃밭을 지나자
그 끝, 우두커니
일출을 바라보고 서 있는
흰 옷의 젊은 아버지가 보였다
잠시 수평선을 바라보았던가
배에서 내려 신발을 벗었다

섬 동백

남해 바닷가에서 해삼만 먹었다
잘근잘근 씹고 또 씹어
꿀떡, 꿀떡 해삼만 먹은 그녀,
잔주름 앉은 눈가 별들이 반짝 빛나다
바다에 몸을 던졌다
바다
물을 가르고
배는 어느덧 섬에 닿아 있었다
짠바람과 우거진 수풀
갈매기 나는 푸른 하늘만이 있었다
서푼어치도 못 되는 눈빛에도
마냥 섬으로 주기만 하던 여자
작은 체구에도 바다같이 가슴이 넓은 여자
섬이 되었다
동백이 되었다

봄까치꽃

눈 석어 신작로가 질척해지면
봄바람이 아기 날숨같이 불어오고
하릴없이 움츠리고 있던 벌거숭이 밭은
봄까치꽃 흐드러지게 피워 내고
그런 날이었다
누님은 검정 고무신 신고
능구렁이 같은 질척이는 길을 따라
소처럼 말똥한 눈망울을 굴리며
뒤돌아보며 손짓하며 서울로 떠나갔다
끝끝내 눈물은 보이지 않았다
울 가에 감꽃 피었다 지고
그림자 짙어가는 사이
몇 번인가 우체부가 웃는 얼굴로 다녀갔고
납덩이같은 얼굴로 쪽지 한 장 내미는 날
어머니는 검정고무신으로 땅바닥을 내려치며
꺼억 꺽 통곡을 해댔다
영문도 모른 채
어머니 곁에 주저앉아 따라 울었다
아버지는 어머니를 부축하고 길을 나서
이틀 만에 늦달 밟으며 돌아왔지만

누님 소식은 보이지 않았다
영영 영문을 모른 채
봄까치꽃이 보랏빛으로 밭을 덮었고
그런 날이면 신작로 꼬리를 바라다보며
누님! 누님! 누님!
속으로 부르기만, 부르기만 하였다

호미 여자

시간을 잊고 계절도 잊은
미친 여자, 봉긋 부푼 꽃봉오리
애옥살림에 그만 목이 꺾이어 지고
안개 낀 마을에 짙은 운무 덮쳐와
한 치 앞도 도무지 새끼를 사릴 수 없어
배고픔도 느끼지 못하는
들로 하우스로 도는 여자
두 시 넘어 남편이 끓여온
퉁퉁 불은 라면 말대접에 한 젓가락
목구멍에 꾸역꾸역 밀어 넣고 다시
호미를 잡는 여자, 몸을
혹사시키지 않고는 괭이잠도 잘 수 없는
아파도 아픔을 느끼지 못하는 여자
잠시만 손을 놓으면 눈앞에서
쌍무지개로 아른거리는 얼음장 얼굴,
금세 흙담은 물먹어 무너져 내리는데
살려고 발버둥치는 것 같아 문득
죄만 같고 문득 한심스러운 여자
남아 있는 새끼들아
입술 깨물며 버티는, 일에 미쳐

눈이 퀭한 회갑이 먼 여자, 오늘도
칼바람 새벽길 간다.

폐자전거

바람이 다 빠져나간
바퀴에 녹이 슨 몸 푸르게
푸르게 부풀리며 정원에 서 있다
맑은 날 궂은 날
발이 되고 등이 되다
이제는 할 일이 없어진 그,
바람을 가르며 씽씽 내달리면
하늘 길도 오를 수 있을 것 같았다
내리막길을 날자 날자 발을 구르다 그만
풀숲에 처박혀 정신줄 놓기도
고갯길에선 숨이 턱까지 차오르기도 했으나
구석에서 혼자 시간을 눅이고 있을 땐
차라리 고통이었다
그러나 지금은 한줌 재로 남을
아무짝에도 쓸모없는 몸뚱어리
쓸 만한 부품은 누군가의 몸을 이루고
달리는 것이 긍지여서 또 달리고 있었겠지만,
전시관 유리벽 속 치타같이
정원의 한 켠에 서서
일어서는 상처마다 푸르게

감싸 안아주는 넝쿨사철 도반으로
밤낮을 꿋꿋하게 달리고 있다

어머니, 백동백 주렁 짚고
오늘도 넝쿨사철 쓰다듬고

몸의 노래, 물의 노래
- 2019마스터스대회 아티스틱 수영장에서

 몸으로 부르는 노래가 있었습니다 몸으로 광주를 노래 부르는 물 안의 사람이 있었습니다 손동작 몸동작 따라 한동안 파동 치던 수면이 잠시 숨을 고르려는 순간 물의 살을 가르며 솟아오른 두 발에서 활짝 피어나는 꽃송이, 이내 지고, 두 손으로 얼굴을 가슴을 감싸 쥐는 그녀의 온 몸에서 음표의 잎눈이 조각자 가시눈처럼 돋아나 독침처럼 가슴 가슴으로 날아들고 있었습니다 그 자리에 서 보지 않았어도 끝나지 않은 40년 전 그날을 물과 혼연일체로 불러대는 그녀의 몸의 노래에 감전되는 사람들, 소리 없이 어깨를 들썩이는가 싶더니 신내림 받기라도 하듯 부르르 부르르 몸을 떨며 속으로만 속으로만 울고 있었습니다 봉숭아 붉은 꽃물 눈동자에 아침노을처럼 번져가는 즈음 하늘 향해 뻗어 올린 두 손을 안아주는 듯 쓰다듬는 듯 거두어들이어 가슴에 그러모으고는 눈 감고 고개 숙이며 물의 노래는 끝이 나고 봇물처럼 터진 젖은 박수소리, 그녀가 물 밖으로 나와 작별인사를 하고 무대 뒤로 모습을 감출 때까지 아니 그러고도 한참을 하늘까지 울려 퍼지고 있었습니다.

그믐달

며칠 전 산을 갔습니다 공사를 하고 있어
물었더니 5G 기지국이라 했습니다 하여
퇴근길에 대리점 들러 상담하고 나서는 길입니다
해종일 뿌연 하늘에 구름장이 꾸물거리는가 싶더니
갑자기 예보 없던 비가 쏟아집니다 사람들은
버스정류장으로 건물 입구로 뛰어드는데
더러는 머리에 손을 얹고 뛰어가는데
일도 아니라는 듯 그냥
그대로 손수레 끌고 절뚝이며 가고 있습니다
삼실 빗줄기가 국수발로 굵어졌으나
땟국 흐르는 얼굴 이따금 손바닥으로 쓰윽 밀며
절뚝절뚝 그러나 거리낌 없이 내딛는
그믐달의 저 발걸음
그녀의 뒷모습 뿌연 어둠 속으로 멀어지고
비 그친 거리 가로등이 눈을 뜨는데
별들이 하나 둘 등을 거는데
손수레가 걸어 들어간 서쪽 하늘에서는
초승달이 시리게 웃고 있습니다

송악의 여자

찬바람이 창안을 기웃거릴 때,
나무들이 하늘 향한 숨결
곳집에 거두어들일 때,
우수수 떨어지는
낙엽, 비를 맞으며
담장을 덮고 있는 송악
어루만지며 햇빛 사냥하는
여자는 눈 세상에서도
쪼그려 앉아 푸른 잎을 어루만지는
여자는 어느새 뿌리박은 넌출이
가슴에서 자라나고 있음을 알았다 푸르게
푸르게 뻗어나가 배꼽을 지날 즈음
머리는 이미 푸르렀고
엉덩이 지나 무릎 지나 발가락까지
넌출의 푸른 잎들은
실바람에도 살랑이고 있었다
석녀인 송악의 여자
받아둔 소금 죄다 바다에 내버리고
가랑잎 바스락거리는 거리
바람을 기르며 발걸음 총총 내딛고 있다

우화 羽化

땅거미 내려앉은 저녁
폐지 줍는 할머니 손수레가
자동차에 받혔다.

경찰관이 래커로 흰 줄을 긋는다.
웅성거리다 모두 돌아가고
텅 빈 자리.

뭉개진 겉잎 배추 한 장 납작 엎드려 있다.
화살나무 몇 잎을 모아든 날개 가진 여자
그 주위에 다소곳이 흩뿌린다.

산동네 아스팔트 바닥에서
은사시 한 그루와 은하가 조우하고 있다.
잠시 그윽하다.

향기

함박눈은 내리고
내려서는 쌓이는데
빨간 망토 머리에서 발끝까지 뒤집어쓴
여자는 눈길을 걸어 숲으로 갔다
테니스장만한 공터에 이르러
플루트를 품안에서 꺼내
가라앉은 공기를 흔들기 시작했다
무반주 환상곡
연주가 이어지는 동안
음률의 파동은 고요의 구석구석 파고들었으나
나무들이 가끔 눈뭉치나 털어낼 뿐
숲은 더욱 고요했다
격정적인 연주는 어느덧
클라이맥스를 넘어 피날레로 향하고
그때, 솟아오르는
새 한 마리 있었다 성긴 눈발의
허공 속을 날아들었다

오월 어느 햇살 부신 아침
장미는 젖가슴을 풀어헤치기 시작했다

한 송이 두 송이… 그 때마다
세상 속으로 날아가는 붉은 새 떼가 있었다.

물들다

  카페에서 한 여자가 나온다 샤방샤방

  두 손 모아 쥔 한 송이 장미꽃 붉다
  하얀 어깨 부드럽게 감싸는 프릴의 살색 랩 스타일 스트랩 로즈드레스 샤방샤방

  반짝이는 햇살 아래,
  잔물결 드나드는 모래사장을 맨발로 걷는 양 느긋하게 내딛는 발걸음 따라 실바람에 복사꽃이듯 하늘거리는 옷자락 샤방샤방

  돌담 기대어 한 손 턱 괴고 머언 하늘 눈 맞춘 황도복숭아 샤방샤방

  세상이 샤방샤방……

행복론

밧줄이 없응께
겨울 산 넘는 것도 행복이제.

산동 지리산자락
여든 여섯 개 해를 먹고 있는
치마 입은 사람의 말씀

눈 맞는 산수유가
고개 끄덕이며 듣고 있다

참 잘했어요

주일이었다
사순 특강으로 조금 늦은 점심 뒤
설거질 하다말고 잠깐 나갔다 온 아내가
것도 육십도 훨 넘은 아내가
"살려 줬어요 화단에다 엄청 큰 거밀 나 잘 했죠?"
속사포를 쏘더니 불쑥,
상기된 얼굴로 손바닥을 내미는 것이었다

꽃향유같이 서 있는
큰 아이에게 손도장을 꾹 찍어주었다.

제4부

바람의 집

바람의 집

바람이 분다 사람의 집에 사람의 노래 소리가 들린다
바람이 분다 사람의 집에 꽃의 노래 소리가 들린다
바람이 분다 사람의 집에 새의 노래 소리가 들린다
바람이 분다 사람의 집에 낙타의 노래 소리가 들린다
바람이 분다 사람의 집에 사자의 노래 소리가 들린다
바람이 분다 사람의 집에 아이의 노래 소리가 들린다
바람이 분다 사람의 집에 물의 노래 소리가 들린다
바람이 분다 사람의 집에 불의 노래 소리가 들린다
바람이 멎다 사람의 집에 아이의 울음소리가 들린다
바람이 멎다 사람의 집에 꽃의 울음소리가 들린다
바람이 멎다 사람의 집에 짐승의 울음소리가 들린다
바람이 멎다 사람의 집에 고요만 벼루처럼 서 있다

그래도

지구상에는 없는

섬, '그래도'

'그래도'는 하늘에 있다

어두울수록 더욱 밝게 빛나는
야곱의 별,

나의 샛별…

코끼리를 읽다

출구가 전혀 보이지 않는다
슬픔의 지하창고
퀴퀴한 냄새만 어지러울 뿐
그러나 무릎은 꿇지 말 것
식탁 은쟁반에 탑처럼 쌓여 있던 오렌지
한동안 머물다 날아갔듯이
불씨를 도저히 일으킬 수 없다
축대 허무는 유혹의 시간
또한 날아간다
밤이 지나면 아침이 오지 않던가
반딧불이 한 마리 불러내
똬리 튼 독사처럼 고쳐 앉아 한 점을
살촉처럼 응시하는 일
오렌지의 빛도 향기도
곰팡이 없으면 일어나지 않음을
오렌지가 친구였듯이
곰팡이 또한 친구임을
읽어내는 일, 하여
하늘을 날아오는 코끼리를
읽어내는 일, 끈적이는
기다림 속

문틈으로 들어가는 황소를 본 적이 있다

 낙타가 바늘귀를 통과하는 것보다 사람이 활짝 열린 대문을 통과하는 것이 더 어려울 수도 있다는 사실을 손톱여물 썰고 있다가 문틈으로 들어가는 황소를 본 적이 있다 털끝 하나 건드리지 않고 번개보다 빠르게 방안으로 들어간 그는 새우처럼 웅크리고 있는 사내를 눅신하게 밟아대느라 긴 밤을 사흘이나 꼬박 새웠다 대낮인데도 사내는 꼼짝 못하고 끙끙 앓다가 죽마고우에게 다저녁때 겨우 발각되어 병원으로 후송되었다 며칠 지나 돌아온 사내의 방은 온기가 가득했다 이후로도 황소는 방안에 들었으나 구석에 웅크리고 앉아 졸기나 했다 더 이상 아무 일도 일어나지 않았다 다만 도란도란 구공탄 불꽃같은 소리의 온기가 초병처럼 맴돌다 늦은 밤 돌아가면 사내는 반듯하게 누웠을 뿐 아침이면 황소처럼 문을 밀고 나갔을 뿐

숨구멍

장작불이 활활 날고 있다
후드득 후드득
몇 개비의 장작을 태우는 동안
타오르는 불길 속 불똥이
떨어져 쌓이고
장작의 배까지 쌓여
기세 좋던 불길이 잦아들고 있다
저 불, 무서울 게 없어 등등하던 기세가
숨구멍이 막히자 힘을 쓰지 못하고
가쁜 숨 몰아쉬며 꾸역꾸역 연기만 내뱉고 있다
삶이 그렇고 사랑이 그렇다
숨구멍이 없이는 모든 게
잦아들고 만다
빈 소쿠리처럼 앉아
부지깽이로 몇 번 쑤석쑤석하자
훅 매운 숨 한번 뱉어내고 다시
일어서는 불의
파란 혼.

꽃의 눈물

아름다운 저 꽃
결코 눈물 없이 핀 게 아니다

이제야,
꿀벌의 시간을 위해 바람은
잠시 아이처럼 순순하고

칠흑의 빙하를 건넜듯
해 밝은 사막을 건너야 하리

그대여, 눈물은 보이지 마라
풀리는 주먹 속의 내일은
부활이니

꽃 친구

 어제는 절친한 사람에게 마음을 다쳤습니다 쉬 지워지지 않는 상처를 안고 산으로 듭니다 산언덕을 넘고 골짜기를 지나 오르막길로 향하는 양지바른 곳에 오보록한 꽃무더기가 다소곳하게 앉아 있습니다 키도 몸도 아주 작은 꽃송이들 그 앞에 쪼그려 앉아 동그란 눈으로 들여다보노라니 노랑 물감이 서서히 가슴에 번집니다 어느덧 방금 전까지의 나는 달아났습니다 달아오른 열기구처럼 기쁨으로 가득 찬 나만 있습니다 그런데 그에 대해 아는 게 하나도 없습니다 이름조차 모릅니다 그도 나에 대해 아는 것이 하나도 없겠지요 간략히 내 단추부터 엽니다 이름도 없는 시인이라고 실바람 때문인지는 모르지만 그가 살랑거리네요 휴대폰에서 그가 가진 이름과 생의 내력을 듣습니다 아하 양지꽃 반갑네 친구 가슴에서 금방망이가 춤을 춥니다

몽돌

몽돌 하나가 밤낮으로
안에서 나를 데운다

실구름처럼 흘러가야겠네
끝은 보아야겠네 결기의 날을 세워
나선 길, 더는 나아갈 수 없는
외로 서 있는 바닷가
차가운 햇살 아래 빛나는 몽돌
쉼 없이 나드는 물살에 몸을 뒤집는 그가
달그락 달그락
발가락부터 무너뜨리고 있네
발을 빼려 해도 도무지 빠지지 않네
단 한마디 뱉을 수 없는 전율 속
속절없이 무릎이 젖는데
좌골이 무너져 내리는데
아 이 야릇한 흥분은 무엇인가
참으로 기이한 일이네

기러기 알 만한 그
태산 하나 품고 있었네

장미 지다

꽃이 화알짝 피었다
먹구름 후드득 후드득 지나간다
꽃잎 하나 남지 않았다
모래사막의 뜨거운 바람
산을 넘지 않는다
눈보라의 차가운 바람
강 건너지 않는다
기어이 기억되지 않는다
오래되었다
푸른 손 잠시 흔들고
빛나는 고요가 눌러앉는다
강물은 잔잔하고
햇살은 그 위에 빛난다
늑대는 언제나 등 뒤에 앉아 있다
명확하지 않지만 또한 명확하다
푸른 하늘을 날아오르는 백로
어깨를 스치며 나비가 돌아간다
두레박을 내린다
정수리에 들이붓는 달빛
푸른 방울토마토가 들어앉는다

구더기를 낳은 새

한 만남이 가슴에 불덩이를 안겼다
마을을 벗어나 들길을 걸었다
우거진 풀숲을 헤치며 얼마나 걸었을까
쨍쨍하던 해가 어느덧 사선으로 기울고 있었다
손등에서 피가 흐르고 있었으나 감각은 없었다
기대앉을 나무를 찾아 그늘로 들어서자
땅바닥에 구더기들이 바글거렸다
송골매…
분명한 송골매였다

…꽃노을이 고요히 번지고 있었다

물의 소리

세상에는 소리도 많지
듣기 싫은 소리 듣기 좋은 소리
소음이 되는 소리 음악이 되는 소리

듣기 싫은 소음은 굳이 말할 게 없지
듣기 좋은 음악의 소리가 얼마나 많은가

현의 소리 건반의 소리 관악의 소리 타악의 소리
사람이 목울대에서 뽑아 올리는 가락의 소리
아기의 웃음소리
일억 오천만 년 전부터 부르고 있는 귀뚜라미의 노래 소리
호젓한 산길에 새의 노래 소리
나뭇잎 귓불 간질이는 바람 소리
아름다운 소리가 참 많기도 하지

그럼에도, 수수 마른 잎에 듣는 빗소리
양철지붕에 싸락눈 내리는 소리
동굴천정에서 방울져 내리는 물방울 소리
계곡을 타고 흐르는 물의 소리
거침없이 떨어져 내리는 폭포수 소리

밀려왔다 밀려가는 파도 소리

영토를 삼분의 이나 점령하고 있어서일까
두 귀가 가장 쫑긋하는 물의 소리
두 발로 다시 서게 하는 소리지

학鶴

삽 들고 물꼬를 트다

시장에서 고등어 눈을 보다

쨍그랑 창 깨지는 소리 듣다

톡

하늘을 여는

점點, 점點, 점點

오래 갇혀 있던 그가

하공을 가른다.

코스모스의 띠

누가 던졌나
함부로
아닌 밤중 날벼락
돌멩이에 나무 한 그루
강둑에서 피 흘리고 있다
이 악물고 무진
애쓰는 게 분명하다
바람이 호호
입김 불어 넣고 있다
햇살은 머리 쓰다듬고
한 마리 새
어깨에 앉아 울고 있다
강물은 까치발 띠고

하늘 한 자락
서서히 붉어지고 있다

정리

한동안 비바람 몰아치고

둘 데 없는 눈길 휘휘 굴리다가

해 밝은 아침 산등성 너럭바위

가부좌로 앉아 어지러운 방을 정리한다

이불을 정리하고 옷을 정리하고 책상에 노트를 정리하고 필기구를 정리하고 서랍을 정리하고

슈퍼맨처럼 또는 허깨비처럼 날아다니는 얼굴들을 정리하고

정리를 정리하고

마지막으로 자를 정리한다

비로소 내가 보이기 시작한다

저물녘 강물소리

눈시울 붉히다
태양이 산을 넘는다

강물은 그 여운을 안고
면벽한 수도승의 숨소리로 흐르고

땅거미처럼 나는 강가로 나가
소리를 긷는다

사랑과 이별의 산마루와 골짜기
환호와 눈물의 화원과 광야를 지나

찰흙바닥이 아니면 결코
괴지 않는 그 소리,

들피진
나의 거울을 닦는다

산다화

 날마다 사는 게 꽃이라, 꽃을 산다. 송이송이 팝콘처럼 톡 톡 피워내는, 사는 게 꽃. 꽃송이를 받아든 나는 함박, 다시 피어나고, 산다. 꽃, 그 앞에 서면, 여기 꽃 저기 꽃, 너 꽃 나 꽃, 살아있는 모두 꽃, 산다화. 꽃을 사는 사람들 사이를 지나면 눈을 지고 피어 있는 산다화. 칼날처럼 엄정하다.

 눈부셔, 입술 벌어, 가슴 벌렁거려.

 그리하여, 사는 게 날마다 꽃.

드림

다 자란 타이거
어둠에서 빛과 꽃, 그 모오든 것에서
즙을 내 물들인 옷을 입은

의복은 날개, 바람을 기르며 마음껏 포효할 일만 있어
우뚝 솟은 바위산과 푸른 숲을, 오대양 육대주를
무지개 등을 타고 거침없이 넘나들다

미끄럼틀 끝에서 삐끗
그러나 엉덩이 모래를 털며 푸른 하늘 올려다보며
왼눈 찡긋

하늘에서 몰려오는 게릴라 떼 앞에서
젖은 빵을 혹은 돌덩이빵을 쥘 때는
바람 한 점 불러내 씽긋

나는 타이거
영원한 타이거 주요해

말의 궁전

 안개 자욱한 강변길을 걷다가 누가를 만나 반가운 마음에 정중히 모시고 들어간 누가에서 식사 대접 차 대접 거절, 냉동실에서 꺼낸 누가바마저 마다하고는 흰 손 가지런 모아 '평화를…' 톡, 박하 한 마디 남겨놓고 뭉게구름 산을 넘듯 문 열고 나가는데 물 찬 제비처럼 잽싸게 함지박에서 누가 하나 꺼내 기어코 손에 쥐어 보냈다는데 누가 그러했는지 알 수 없는 이야기가 누가의 동네에 달빛 은은한 박하 향으로 누가되고 있다.

작품론

삶·생명·사랑의 변주와 '말'의 육체화
– 변재섭 시집 『사과다방』

강 경 호
(시인·한국문인협회 평론분과 회장)

1.

변재섭 시인은 지금까지 세 권의 시집을 상재하였다.

첫시집 『동그라미』는 세계의 다양한 현상에 대한 사유를 담아내었다. 사춘기의 사랑과 성장, 농촌마을의 피폐와 결핍, 신앙을 통한 성찰의 모습을 형상화하였다. 두 번째 시집 『사랑에도 안개 자욱한 날이 있다』는 '사랑'을 주제로 한 시집으로 '사랑시편'만을 골라 묶은 것으로, 사랑이 메말라가는 시대, 사랑이 인스턴트화되는 시대에 현대인에게 진정한 사랑이 무엇인지를 말해주며, 자신의 삶에서 얻고 깨달은 사랑의 의미와 완전한 사랑을 찾아가는 여정을 보여준다. 그리고 세 번째 시집인 『강물의 자궁』에서는 이전의 시집들보다 다채로운 세계를 펼친다. 실존의 방식과 함께 살아가는 사람들의 삶을 때로는 연민과 성찰의 시선으로 살펴본다. 그리고 생명성 모색의 시편에서는 생명에의 경외심과 되살아오는 생명들에 대한 환희를 드러낸다. 더불어 인간의 탐욕으로 죽어가는 생명에 대한 안타까운 마음을 형상화한다.

　네 번째 시집인『사과다방』은 앞의 세 시집에서 천착한 사랑에 관한 고찰, 실존방식, 생명성 탐구를 보다 심화시키고, '말'에 관한 모색하고 있어 시의 영역을 확장하고 있다. 이전부터 변재섭 시인의 관심사인 삶의 방식을 보다 인간적인 삶을 추구하는 시인의 실존 인식이 투사되어 있다. 일상에서 마주하는 정서적 사건들은 물론 자연을 대하면서의 깨달음으로 성찰의 시학을 구축하였다. 생명성을 모색하는 시편들은 자신이 주체가 되어 삶을 이끌어가는 근대적 사유로 정신적인 성장을 꾀하는 한편, 생태학적 관점에서 모든 생명을 상생의 시선으로 바라본다. 사랑시편은 '누구'라는 타자에 대한 감정과 정신성을 투사시킨다. 대명사 '누구'는 시인의 상상력으로 빚어진 대상이기도 하고 실재하는 어떤 존재에 대한 지극한 마음으로 관계맺기를 시도하고 있다. 이번 시집에서 특히 돋보이는 시인의 탐색은 '말의 육체화'이다. 온갖 미디어를 통해 거칠게 쏟아내는 안개나 수증기처럼 사라지는 말로 인해 소통이 어려워진 말의 신성성을 회복하고자 한다. 이러한 관점에서 사라지지 않고 남을 이른바 '말의 육체화'를 꾀하고 있어 관심을 끈다.

　이번 시집『사과다방』은 새로운 시를 찾아가는 시인의 노력이 주목된다. 지금까지의 시형식을 탈피하고 있어 매우 신선하게 시를 이끌어가고 있다.

2.

 서정시가 추구하는 가장 중요한 하나는 자신의 삶을 어떻게, 어디로 견인하는 방법론의 모색이다. 이는 '시를 왜 쓰는가?'라는 질문에 답하는 것이기도 하다. 인간의 모든 행위가 인간을 향하는 까닭이다. 이러한 시를 '견인시' 또는 '성장시'라고 한다. 여기에서 '성장'은 생물학적인 견해가 아니다. 어른이 되었어도 끊임없이 정신적인 성숙을 하기 때문이다. 그러므로 생명이 다하는 날까지 보다 인간다움을 추구하는 것이다.

 앞에서 밝혔듯이 변재섭 시인은 이번 시집에서 '시적 새로움'을 가열차게 작동하고 있다. 그동안 해왔던 시작법에서 말하는 방식의 새로움을 통해 변신을 꾀하고 있다.

    산에 들고
    산을 넘어도 보고

    물에 들고
    물을 건너도 보고

    해 저무는 바닷가
    밀려드는 파랑 앞에 서 보았네

    거리로 돌아와 부대끼며
    휘달리는 사이 순식간에 나사는 풀리고

언제 애간장을 끓였느냐 다시
시궁물 쏟아내고 뒤집어쓰는

반편이가 되고 마는
너는

그래 너는
반편이로 살다 죽을밖에

- 「자화상」 전문

  이 작품 속의 시적 기표인 '산', '물', '파랑', '시궁물', '반편이'를 언어가 지시하는 그대로의 의미로 읽지 않는다. 얼핏 보기에는 '산을 넘어도 보고', '물을 건너도 보고', '밀려드는 파랑 앞에 서 보았다'고 읽힌다. 여기에서의 산, 물, 파랑, 시궁물은 눈에 보이는 사전적인 의미가 아니다. 오르기 힘든 인생의 역경을 '산'이라 했고, 살아가면서 건너기 힘든 고난을 '물'이라고 은유화했다. 그리고 물과 유사한 성질인 '파랑'은 인생의 시련을 말한다. 더러움을 표지하는 '시궁물' 또한 인생의 어느 지점에서 만난 고약한 사건이기도 하다. 이렇듯 온갖 궂은일을 겪은 화자는 자신을 '반편이'로 표현하여 부족한 사람으로 살다가 죽을 것이라고 한다. 그렇다고 자조적인 말을 내뱉는 것이 아니다. 흔한 말로 산전수전 다 겪고 살아온 화자는 부족한 듯 살아가야겠다는 다짐을 하고 있는 것이다. 그러므로 이 작품은 변재섭 시인의 체험을 통해 스스로의 모습을 형상화한 자화상인 셈이다. 체험을 통한 방식에 대한 시인의 사유가 엿보인다. 이처럼 변재섭 시인은 사물에 의미를 부여해 자신의 처지를 드러내고 지향하는 삶의 방식을 나타내는 방법을 구사하고 있음을 알 수 있다.

「솟대」에서는 한때 나무였던 솟대를 통해 진정한 생명성을 모색하며 성찰의 태도를 드러낸다.

> 살아서는
> 아무도 거들떠보지 않았다
>
> 잘린 모가지에
> 날지 못하는 새 받아 앉히자
> 동구를 나드는 이마다
> 무명의 마음 받을 수 있었다
>
> 그믐밤에 구천九天으로 날아가
> 속울음들 꺼억 꺽 울어주다 첫새벽
> 닭 울기 전 돌아와 꼿꼿하게 서는
>
> 저, 쓸쓸한
> 죽어서 빛나는 생
>
> 정월대보름 타오르는 불길 속에서
> 훨훨 치솟아 오르는 긴 꼬리
> 불새를 보았다 들은 적 있던가

그 앞에서 나
얼굴 붉힌 적이 있던가

-「솟대」전문

이 작품은 나무로 만들어진 '솟대'라는 사물이 지닌 물성과 생명성을 모색하며 자신의 모습을 살피고 있다. 주지하다시피 솟대는 마을의 액운을 막기 위한 민간신앙의 표지물이다. 화재가 많은 마을에 장대 끝에 나무 기러기를 달아놓음으로써 물새인 기러기가 물을 마을에 가져와 화재를 예방한다고 믿었다. 그러나 솟대의 효용성에 대한 관심보다는 한때 소나무나 대나무의 생을 살았던 나무가 죽어서 솟대로 살아나 새로운 생명을 사는 것을 화자는 "잘린 모가지에/ 날지 못하는 새 받아 앉히자/ 동구를 나드는 이마다/ 무명의 마음 받을 수 있었다"고 노래한다. 나무의 생을 살 때는 아무도 살펴보지 않았지만 죽어서 솟대로 생명을 얻어 마을 사람들이 '무명의 마음'으로 받드는 기원의 대상이 되었기 때문이다. 나무 끝에 앉은 새는 "그믐밤에 구천九天으로 날아가/. 속울음들 꺽억 꺽 울어주다 첫새벽/ 닭 울기 전 돌아와 꼿꼿하게 서는" "죽어서도 빛나는 생"으로 환생했다고 한다. 즉, 나무가 죽어 솟대가 되어 "날지 못하는 새"를 솟대 끝에 앉히면 그믐밤에 구천九天, 즉 하늘 이곳저곳을 날아다님으로써 "죽어서도 빛나는 생"이 된다는 것이다.

한편 화자는 "정월대보름 타오르는 불길 속에서/ 훨훨 치솟아 오르는" 불새를 본다. 정월대보름날 '달집태우기'

라는 민속의식에서 활활 타오르는 불새를 본다. 불은 생명을 다시 자연으로 돌려보내는 의미가 있어, 달집태우기는 일종의 소멸을 뜻하지만 '불새'라는 불멸의 화신으로 환치시킴으로써 영원한 생명을 발견한다. 이렇듯 시인은 죽은 것이 살아오는 것들을 보며 "그 앞에서 나/ 얼굴 붉힌 적 있던가"라고 자신을 되돌아보며 성찰의 태도를 가진다. 한 번 죽음에 이르면 다시 살아올 수 없는 유한한 인간의 삶을 살펴보는 것이다.

이밖에 삶의 방식에 대한 모색은 「바보」에서 시인의 구체적이고 섬세한 마음이 느껴진다. 도로에서 흐름을 타야 한다며 과속하는 자동차들과 달리 규정 속도로 운전하는 자신을 바보라고 한다. 바보이기를 자청하는 화자의 모습에서 모범적인 시인의 일상을 엿볼 수 있다.

「동백꽃 앞에서」는 동백꽃 앞에서 동백을 바라본다. 동백꽃은 "사막 거처에서 이제 막 돌아오는 수도승처럼/ 부끄러워" 한다. 그리고 동백꽃을 "경전을 읽듯" 바라보라고 한다. 엄숙하고 숭고한 동백꽃의 모습에서 시인은 "바람에 흩어질/ 그림자 움켜쥐고 우쭐대"는 자신을 발견한다. '바람에 흩어지는 것과 그림자'는 곧 사라질 허상이므로 화자는 세속적인 욕망을 가진 자신의 모습을 반성한다.

「봄이 오는 축령산에서」는 축령산 편백나무 숲에서 하늘로 치솟은 편백나무를 바라보며 "아스라한 거기/ 유다가 지나가고/ 동주가 지나간다/ 회색 옷 무리도 지나"가는 모습을 읽는다. 예수를 배신한 유다와 '하늘 우러러 한 점 부끄럼 없기를 잎새에 이는 바람에도 괴로워했다'는 윤동주는 악과 선의 표상이다. 그리고 회색 옷 입은 무리는 '회색'의 색채 이미지가 나타내듯 악과 선의 가운데에 놓인 존재이다. 화자는 이러한 여러 부류 중에서 "오로지 태양을 좇아 길을 내"는 편백나무 같은 존재가 되고 싶어 한다. 그러므로 "지지 않는 오롯한 나의 태양/ 지금 어디 있나"라고 절규하며 자신을 되돌아본다.

이렇듯 변재섭 시인은 끊임없이 가야 할 길을 찾는데 몰두하면서도 「산다화」에서는 "날마다 사는게 꽃"이라고 한다. 그러므로 "꽃송이 받아든 나는 함박, 다시 피어나" "꽃, 그 앞에 서면, 여기 꽃 저기 꽃, 너 꽃 나 꽃"이라고 하여 자신을 포함한 모두가 '꽃'이라고 형상화하기도 한다.

3.
생명성은 생물학적으로 존재하는 것만이 아니다. 자신이 주체가 되어 삶을 이끌어가는 근대적 사유를 지닐 때 진정한 생명성을 가졌다고 할 수 있다. 인간이 아닌 뭇 생명체도 마찬가지다. 시인이 인식하는 생명성은 숭고함을 지닐 때 비로소 생명성을 지녔다고 말할 수 있다. 이때의 생명성은 시인의 새로운 인식, 즉 앞에서 말한 근대적 사유가 내포함을 의미한다. 생명성의 영역을 확장하여 자연을 비롯한 우주의 모든 것을 포함시킬 수 있다. 중요한 것은 시인의 열린 상상력을 통해 생명성을 발견하고 획득할 수 있음이다.

「복수초」에서는 섬세하고 내밀한 상상력을 통해 생명성을 인식하고 있다.

> 정원 벤치에 앉아 멍때리고 있었다
> 갑자기 몸이 흔들렸다
> 주위를 둘러보았으나
> 바람 한 점 보이지 않는다
> 이상하단 생각을 접고 다시
> 멍때리는 시간
> 또 몸이 흔들렸다
> 분명 몸이 흔들린 게다
> 눈을 부라려 둘러보았으나
> 바람 한 자락 나뭇가지를 스치고 지나갈 뿐
> 핸드폰을 열심히 뒤졌으나 아무것도 없다
> 괴이하다는 생각에 그만 자리를 뜨려는데
> 아뿔사!
> 식나무 아래다
> 렌즈에 산앵두만 한 머리통이 잡히는 게 아닌가
> 모가지가 긴 머리통이 둘,
> 빠끔 내민 솜털 보송한 머리통이 둘이다
> 저 작고 여린 것이?
> 순간 또 한 번 흔든다
> 정수리를 보인다 이제
> 하늘을 찢어 흔들고

내 뿌리를 일깨울 일이 남았다
　　　　　　　　　　　　－「복수초」 전문

　흔히 '멍때린다'고 한다. 아무런 생각을 하지 않는 행동으로 재충전하는 시간이기도 하다. 화자가 정원에서 멍때리기를 하고 있을 때 바람 한 점 없는데도 불구하고 "갑자기 몸이 흔들"린다. 괴이하다는 생각에 그만 자리를 뜨려는데 나무 아래에서 "산앵두만한 모가지가 긴 머리통"을 내밀고 있다. 얼핏 보면 '아무런 정서적 사건도 없는데······.'라고 생각할 수 있다. 그러나 화자인 시인의 섬세하고 예리한 감각의 촉수는 들리지 않는 것도, 보이지 않는 것도 모두 듣고 본다. "분명 몸이 흔들릴" 정도의 움직임을 느낀다. 복수초가 이른 봄이 되어 솜털 보송한 머리통을 내미는 미세한 움직임 때문이다. 다시 말해 화자는 아직 겨울 자락이 남아있는 정원에서 생각을 버리는 중에 복수초가 노란 꽃을 피우는 감격적이고 황홀한 순간을 마주한 것이다. 화자는 멍때리는 것과 차원이 다른 맑은 정신으로 생명의 경이로움과 기쁨으로 충만하였을 것이 분명하다. 삼동을 견딘 후 아직도 쌀쌀한 날씨임에도 불구하고 가장 먼저 노란 꽃을 피우는 복수초를 목격한 환희와 더불어 아름다운 생명의 기적을 느꼈을 것이다. 그리고 또 한 번의 흔들림을 통해 "하늘을 찢어 흔들고/내 뿌리를 일깨울 일만 남았다"고 진술하는데, 이것은 영혼의 정수리에 스며드는 어떤 깨달음을 얻었기 때문일 것이다.

다음의 작품 「성냥」은 죽음 가까이 다가가는 아름다운 소멸을 노래하였다.

성냥개비 하나 꺼내
불꽃을 일으켜
아궁이에 불을 댕긴다

두리반에 옹기종기 둘러앉아
빈찬貧饌에도 수저 부딪는 소리,
마른 논에 물차는 소리

밥이 되고 국이 되는 사이
골강骨腔에 골이 하나씩 빠져나가는 걸
그녀는 알고 있었을까

가슴 울리던 시절은 어느새
치마폭을 바람처럼 다 빠져나가고

몇 개비 남지 않은 터엉 빈 몸
축 늘어져 내린 뱃가죽에 불꽃이라니
도저히 가당치가 않아

요양병원에 누워
기억이라곤 좁쌀 한 톨만큼도 없는
누군가 주는 밥그릇, 여력을 다해 비우고 있다
가윌 누르는 고요에 갇혀

이제, 마지막 불꽃이 피어나면
바싹 마른 인사와 함께
허울마저 불길로 날아갈 일만 남았다

　　　　　　　　　　　　　　－「성냥」전문

　성냥개비 하나가 아궁이에 불을 지펴 뜨끈뜨끈한 밥을 지어 식구들이 식사하게 하는 장면을 선명한 이미지로 형상화하였다. 성냥개비는 가족에게 밥을 먹게 하였지만, 제 몸을 다 태우고 사그라진 것에 대해 아무도 기억하지 않는다. 어머니의 일생도 성냥개비와 같아 가족을 위해 희생하고 헌신하였지만, 지금은 요양병원에 누워 겨우 밥을 먹고 있다. 성냥개비처럼 바싹 마른 몸은 "이제, 마지막 불꽃이 피어나면" "허울마저 불길로 날아갈 일만 남았다". 이 작품에서 '성냥개비'는 '어머니'의 모습과 오버랩된다. 성냥개비의 기표가 어머니의 기의가 되고 있는 시적 장치가 적절하여 진정성과 설득력을 갖는다. 아궁이에 성냥개비로 불을 지핀 사람은 어머니여서 어머니가 곧 성냥개비로 형상화된 이 작품은 잘 짜여진 비단처럼 아름답고 격조가 있다. 특히 독자의 가슴 밑바닥에 있는 참다운 감정을 뜨겁게 불러일으키게 하는 것은 다음과 같이 어머니의 삶을 형상화한 것 때문이다. "두리반에 옹기종기 둘러앉아/ 빈찬貧饌에도 수저 부딪는 소리"를 듣고, 어머니는 가족의 "밥이 되고 국이 되는 사이/ 골강骨腔에 골이 하나씩 빠져나"간다. 그래서 "몇 개비 남지 않은 터엉 빈 몸"이 되어 요양원에 누워 "기억이라곤 좁쌀 한 톨만큼도 없"게 된 어머니는 이제 성냥개비 불이 사그라지듯 "허울마저 불길로 날아갈 일만 남았다". 구체적으로 어머니의 생이 사그라지는 과정을 잘 형상화해 애잔한 감흥이 다가온다.

이 작품은 '성냥개비'라는 생명이 불꽃을 피우며 소멸해가는 과정을 훌륭한 삶을 살다가 사그러져 가는 모습으로 현현시켜 숭고한 생명성으로 승화시켰다.

생명성을 노래한 변재섭 시인의 작품은 앞에서 밝혔듯이 원초적인 생명성보다 정신적 차원의 생명성을 발현하고 있다. 「입춘」에서도 봄날 "얼음새꽃,/ 불로 다가와/ 물로 흐른다"는 생명의 기운이 감도는 감각에서 "저 각시 멧노랑나비/ 가슴부셔/ 사랑이란/ 틈이 없는 거"라고 '사랑'을 끌어들여 생명성을 노래하였다.

「환한 어미」에서 젖병을 물려줘도 우는 아기에게 젖을 물려주자 힘차게 빠는 모습을 "그윽히 내려다보는 저 환한 어미"의 표정은 지극히 본능적인 것이지만, 그러나 원초적인 것이 가장 꾸밈없는 생명성임을 말해주고 있다. 특히 "지나가던 백로가 한 소리 뽑자 모두 고개 돌려 하늘을" 바라보는 풍경은 백로조차 감응했다는 의미로 해석이 가능하고, 백로 또한 어미여서 먹이를 물고 새끼에게 가는 것이라는 짐작이 가능한 대목이어서 여운을 준다.

「겨울로부터 봄은 온다」에서는 봄의 환희를 통해 생명성을 일깨운다. 봄이 되어 나무들이 깨어나는 모습을 노래 부른다고 형상화하였다. 특히 노래에서 소금이 떨어지자 '소금'을 주워 먹는다고 말하는 대목은 이 작품의 메시지를 강화시킨다. 세상에서 가장 짠 소금이니 가장 큰 사랑을 얻은 것으로 생기발양하며 만물이 되살아나는 생명성을 그려냈다.

「숨구멍」은 생명성과는 어울리기 힘든 '불'을 작품에 끌어들여 생명성을 형상화했다. 장작불이 타오르기 위해서는 숨구멍이 있어야 하거늘 장작이 불에 타 재가 되어 스스로의 숨통을 막아버리는 아이러니를 묘파하고 있다. 그리고 부지깽이로 재를 쑤셔줌으로 해서 불이 생명력을 회복한다는 메시지를 전하고 있어 이채롭다.

4.

주지하다시피 '사랑'은 인간의 가장 따스한 감정이다. 그러므로 진솔하고 대가가 없는 마음의 표정이다. '사랑'은 감정과 정신이 내포되어 있다. 인간이 시로 형상화시키기 이전부터 드러낸 타자에 대한 관심이기도 하다. 이렇듯 오래된 사랑의 역사는 곧 인류의 역사로, 특히 많은 시인들이 노래해왔고 오늘날에도 여전히 유효한 노래이다.

변재섭 시인은 일찍이 그의 두 번째 시집『사랑에도 안개 자욱한 날이 있다』에서 사랑이 메말라가는 시대, 사랑이 인스턴트화 되어 일회용으로 소비되어지는 시대에 사랑의 의미와 정서를 전했다. 사랑의 개념을 체험을 바탕으로 구체화시키며, 시인 자신의 사랑의 대상에게 사랑을 전하는 형식을 보여준다.

변재섭 시인의 이번 시집에서는 아내에 대한 사랑을 표현하기도 하지만 대부분 대명사 누구에 대한 감정과 정신성을 투사시켰다. 여기에서 '누군가'는 시인의 상상력으로 빚어진 대상이기도 하고 실재하는 대명사로써의 어떤 존재로 읽혀진다.

> 따가운 봄 햇살 피해
> 휘늘어진 버드나무 기대앉아 있었다
> 종내 소식 없는 사람 수소문하던 중이었다
> 버드나무 굵은 팔뚝 잡아맨 그네 타고 있었다
> 연분홍치마에 쪽빛저고리
> 밀어주는 사람도 없이 혼자 앉아 있었다
> 인사를 건네자 춘향이라 했다
> 향단이도 이도령도 자기 곁을 영영 떠났다 했다
> 자기네처럼 아름다운 사랑 본 적 있느냐 했다
> 아주 먼 나라 얘기지만 로미오와 줄리엣의 사랑이 있었다
> 귀밑머리만 풀고 앉아 기다리다 기다리다
> 초록재와 다홍재로 내려앉은 사랑도 있었다
> 백석과 나타샤의 사랑도 있었다
> '님아, 그 강을 건너지 마오' 사랑도 있었다
> 물 차오르는 수몰지구, 헤어진 한 동네 어린 연인
> 잊히지 않아 삼십 년을 홀로 살다 우연히 재회한……
>
> 햇살의 기운이 한풀 누그려져 있었다

- 「춘향을 만나다」전문

  우리의 옛 이야기 중에 '춘향과 이도령'의 사랑 이야기가 있다. 이들의 사랑은 유교적 관념을 중시하는 조선시대적 지고지순한 이념을 보여준다. 오늘날에는 춘향이나 이도령을 사랑의 표준이라거나 모범적 사랑이라고 하지 않는다. 지향하는 바가 다르기 때문이다. 그런데 화자는 '춘향'을 사랑의 주인공으로 내세운다. 그러나 춘향은 혼자서 그네를 타고 있고 이도령이 떠났다고 한다. 이도령과의 사랑이 참으로 아름다웠다고 춘향은 기억한다. 화자는 춘향과 이도령의 사랑처럼 지고지순한 로미오와 줄리엣, 서정주의 시 속에 등장하는 수십 년이 지나 옛 신방에서 지아비를 기다리다가 옷고름도 풀지 않은 채 초록재와 다홍재가 되어 내려앉은, 그리고 백석의 시 속에 등장하는 나타샤, '님아, 그 강을 건너지 마오' 등의 사랑 이야기를 말한다. 뿐만 아니라 "물 차오르는 수몰지구, 헤어진 한 동네 어린 연인/잊히지 않아 삼십 년을 홀로 살다 우연히 재회한……" 오늘날에는 쉽게 만날 수 없는 사랑 이야기들을 생각한다. "따가운 봄 햇살 피해/휘늘어진 버드나무 기대앉아" "종래 소식 없는 사람 수소문 하던 중" 그네 타는 춘향을 만나 많은 사람들의 사랑법과는 다르지만, 유교적 관념에 기댄 지고지순이라고 생각하는 사람들이 사라지는 시대라고 하지만, 떠나버린 이도령을 만난 날처럼 그네를 타는 춘향을 만나자, 따갑던 "햇살의 기운이 한풀 누그러져"있음은 우연히 아님을 묘파하고 있다. 시인이 바라보는 사랑이 여전히 "연분홍 치마에 쪽빛 저고리, 밀어주는 사람도 없이 혼자 앉아 있"는 춘향의 사랑을 닮아있음을 짐작하게 한다.

「춘향을 만나다」는 시인의 상상력을 통해 꾸며진 사랑의 방식이 고전적이지만, 화자 또한 고전적 사랑법으로 사랑을 하겠다는 것은 아니다. 일회용으로 소비되는 오늘의 사랑방식에 대한 경계심을 보여준다. 이는 인간이 어떻게 살 것인가라는 질문에 대한 시인의 대답이라고 할 수 있다.

「사과다방」은 시인의 상상력으로 직조된 허구이지만 「춘향을 만나다」와 같은 사랑에 대한 인식 태도를 모더니티한 형식으로 구체성을 띈다. 사과가 익어가는 가을, 옛스러운 다방에 가면 "왠지 사과향의 미소를 가진/다홍 스란치마의 주인이 있을 것 같고" 붉은 사과를 "덥석 한 입 씩 베어물고 단내 풍겨 웃음짓는/청춘 남녀가 사과로 앉아있을 것" 같다고 생각한다.

이 작품에서 '사과'는 중심 언어로 작용하고 있다. '사과'에 대한 관념인 '붉다' '단내난다' '단물이 흐른다'를 시의 배경에 전제하여 이러한 사과의 이미지를 시 속으로 끌어들인다. 사과의 관념을 "다홍 스란치마의 주인" "단내 풍겨 웃음짓는 청춘남녀" "지난여름 모진 태풍을 견디어낸/사과들" "가슴이 뜨거워져 가깝고도 먼 한 사람" "사과가 되고 싶다" 등의 색채이미지, 감각화로 시적 변용을 꾀한다. 상큼하고 단내 나는 붉은 사과에 대한 이미저리를 옛 다방의 정취로 환기시켜 청춘남녀의 사랑처럼 단물이 흐르는 사과 같은 사랑을 하고 싶다는 메시지를 전한다. 특히 화자 자신이 "사과가 되고 싶다"고 말함으로써 사과가 지닌 상큼한 감각의 이미지가 배가 되고 있는 이 작품은 시제를 '사과다방'이라고 함으로써 발랄한 서정을 가미하고 있다.

'사랑'을 노래한 변재섭 시인의 시에서 두드러지게 눈에 띄는 작품들인 「도화를 보아야겠네」, 「사루비어」, 「모시나비」는 자연을 소재로 한 것들이어서 내밀하게 들여다보면 생태학적 상상력을 함께 발현하고 있다. 변재섭 시인의 자연관과 생명성에 관한 관심이 얼마나 깊은지를 말해준다. 「도화를 보아야겠네」는 "거짓말 같이 마른 땅/ 복숭아 나무 한 그루 심겠네"는 마른 땅에 나무를 심음으로 해서 대지가 푸르러진다는 뜻이지만, 그 이면의 기의는 '그대'라는 시적 대상을 만나 복숭아 나무를 심어 함께 꽃을 보겠다는 다짐으로 그대에 대한 화자의 사랑하는 마음을 전하고 있다.

「사루비어」에서도 "오월에 떠나간/그 사람 잊고자 사루비어를 심었"다고 고백한다. 꽃을 심는 마음은 생태적인 심리이다. 이러한 마음의 이면에는 붉은 사루비아 꽃을 닮아 화자도 '붉은 꽃'의 색채이미지와 동일화된 '선혈'과 '잉걸불'을 통해 그 사람이 가슴에 꽃이 되고 말았다 한다. 붉은 꽃이 세월이 가도 지지 않은 꽃으로 남아

여전히 그 사람을 마음에 간직하고 있다고 하여 화자의 깊은 사랑을 노래하고 있다.

「모시나비」는 뛰어난 작품성을 보여준다. 비오는 날 몰래 여자를 뒤따라 카페에 들어가 지켜본다. 여자는 뒷머리에 모시나비 핀을 꽂고 있는데 마음 속에 여자를 담는다. 사무실에서 모니터를 켜는 순간 번개가 친다. 여자를 따라간 날처럼 컴퓨터에서 비가 내리기 때문이다. 그리고 어젯밤 "푸른 허공을 휘저으며 헤매 다"녔다. 모시나비 여자를 찾아다닌 것이다. 다음 날 몰래 여자를 뒤따라 갔던 카페에 갔지만 여자가 없다. 여자에 대한 애틋함을 형상화한 이 작품에서 '모시나비'는 머리핀이지만 화자는 모시나비와 여자를 동질성으로 읽는다. 모시나비가 지닌 아름다움과 산뜻한 이미지를 오버랩시켰기 때문이다. 그러므로 이 작품에서 모시나비는 화자에게 '사랑의 기표' '사랑의 화신'으로 나타나 있다.

'사랑'을 시적 주제로 삼은 작품 중에 변재섭 시인은 평생의 도반인 아내와 관련된 사랑시편 「참 편하다는 말」에서 오래 함께 살아온 아내와의 사랑을 '편하다'는 말로 함축한다. 지워지지 않는 민소매치마의 얼룩조차 "오색 꽃 한 송이 피었"다고 한다. 꽃에는 나비가 날아오는 법이어서 얼룩을 나비와 꿀벌이 날아오고 있다고 말하는 시인의 능청스러움이 편하게 다가온다. 얼룩이 생겼지만 오래 입어 편하다는 의미와 얼룩이 있어도 아무렇지 않고 잘 살아가는 아내와 화자의 관계를 감각적으로 이해하게 한다.

5.

성경에 "하느님이 뭍을 땅이라 부르시고 모인 물을 바다라고 부르시니 하느님이 보시기에 좋았더라"(창세기 1:10) 기록되었다. '말'의 시작과 의미를 설명하는 대목으로 사물에 이름을 지어줌으로써 비로소 말의 개념이 시작되고 사물은 그 존재를 인식하게 되었다. 이때의 말은 처음 태어난 것이어서 꾸밈이 없고 거짓이 없어 매우 순수했다. 더불어 신비로웠다. 아무것도 아니었던 것들이 이름을 가지게 되어 존재가 되었다. 성경을 빌어 '말'의 실체를 규명하였지만, 말의 본질을 쉽게 들여다볼 수 있는 예가 된다.

이처럼 순수하고 맑아서 '날것의 언어', 또는 '언어 이전의 언어'라고 할 수 있는 말은 문자가 만들어지기 이전 혀를 통해 전해지는 것이어서 때묻지 않은 인간과 자연의 감정이 고스란히 배어있다.

이처럼 세계와 물상에 영혼의 숨결을 불어넣는 역할을 해오던 말이, 특히 자본주의 시스템으로 작동되는 우리사회는 본래 말의 기능을 잃어가고 있다. 날마다 미디어들을 통해 뱉어내는 거친 말, 그래서 험상궂게 변해버린 인간은 물론 세계와 물상들이 왜곡되고 망가져 소통이 어려워지고 있다.

그러므로 오늘 우리의 말은 허공에서 쉽게 사라져버린

다. 쓸모가 없기 때문인데, 누군가, 혹은 내가 뱉어낸 말들이 안개처럼 사라지지 않고 날아가는 새의 모습으로, 산과 강물의 모습으로, 밤하늘의 별의 모습으로 남아있기를 시인은 간절하게 염원한다. 그러기 위해서는 말이 안개나 수증기처럼 사라지는 것이 아닌, 이른바 '육체를 가진 말'로 존재해야 한다.

본래 말의 기능을 회복하는 길은 요원한 것일까?

시인을 일러 '영혼의 모음母音'을 노래하는 사람이라고 한다. 왜곡되고 망가지는 말을 방치하는 일은 시인으로서는 묵과할 수 없는 일이다. 이번 변재섭 시인의 말에 관한 고심을 보여주는 시편들은 말의 육체화에 희망의 단층을 드러내고 있어 다행스럽다.

>산더미로 쌓여 있다
>장성의 호숫가 북상우체국에는
>주소와 수취인 분명하게 적혀 있으나
>마을로 들어가는 길이 없어
>배달하지 못한 편지
>가뭄에 콩 나듯, 수몰기념관을 찾았다 미끄러진 발길이
>이름 석 자를 발굴하고는
>함박꽃 활짝, 그 꽃잎에 이내 이슬은 맺히고
>떨리는 손 달래며 답장을 쓰기도 하지만,
>보낸 이의 꽃노을 차마
>꺾을 수 없어 반송하지 못하는,
>덕재 철수가 가평 영구에게

기동 용이가 수성 순자에게
도곡 영태 씨가 신광 정식 씨에게……
사연이야 쓰고 달고 매워도
보고 싶다 보고 싶다 꼭 한 번 보고 싶다
눈물 두어 방울 잠자고 있는
편 지 들

- 「배달하지 못한 편지」전문

  마을이 수몰되어 편지를 전달할 수 없는 상황이다. 주소와 수취인이 있으나 배달하지 못한 편지들이 우체국에 쌓여있다. 우체국에서는 "보낸 이의 꽃노을 차마/꺾을 수 없어 반송하지 못"하고 있다. "덕재 철수가 가평 영구에게/기동 용이가 수성 순자에게/도곡 영태 씨가 신광 정식 씨에게……"편지를 보냈지만 전달할 수 없다. 수취인의 손에 쥐어주지 못하는 편지들은 갇혀있는 말이기도 하지만, 살아있는 말들이다. 그리운 사람들을 호명하는 편지들의 말은 어떤 무엇보다도 진실되고 순수하고 간절하다. 세속적 욕망과는 거리가 먼 참된 말들이어서, 어쩌다 편지들이 사라진다 해도 편지를 보낸 이의 마음이 오롯이 투사된, 몸을 가진 말들이기에 하늘이거나 수몰된 고향마을 어딘가에 남아있을 것이다.

  「배달하지 못한 편지」는 인간의 삶에서 생성된 육체를 지닌 말들이다. 다음의「물의 소리」에서 자연이 전하는 순정한 말들을 듣는다.

세상에는 소리도 많지
듣기 싫은 소리 듣기 좋은 소리
소음이 되는 소리 음악이 되는 소리

듣기 싫은 소음은 굳이 말할 게 없지
듣기 좋은 음악의 소리가 얼마나 많은가

현의 소리 건반의 소리 관악의 소리 타악의 소리
사람이 목울대에서 뽑아 올리는 가락의 소리
아기의 웃음소리
일억 오천만 년 전부터 부르고 있는 귀뚜라미의 노래 소리
호젓한 산길에 새의 노래 소리
나뭇잎 귓불 간질이는 바람 소리
아름다운 소리가 참 많기도 하지

그럼에도, 수수 마른 잎에 듣는 빗소리
양철지붕에 싸락눈 내리는 소리
동굴천정에서 방울져 내리는 물방울 소리
계곡을 타고 흐르는 물의 소리
거침없이 떨어져 내리는 폭포수 소리
밀려왔다 밀려가는 파도 소리

영토를 삼분의 이나 점령하고 있어서일까
두 귀가 가장 쫑긋하는 물의 소리
두 발로 다시 서게 하는 소리지

         - 「물의 소리」 전문

'말'은 생각·느낌 따위를 나타내거나 전달하는데 쓰는 청각적 이미지이다. 그러므로 시야를 넓혀 바라보면 자연과 물상들이 내는 소리도 말이라고 할 수 있다. '귀뚜라미의 노래 소리' '새의 노래 소리' '바람 소리' '빗소리' '싸락눈 내리는 소리' '동굴 천정에서 방울져 내리는 물소리' '계곡물 소리' '폭포수 소리' 등 수많은 소리들은 그것들이 지닌 성질을 드러낸다. 즉 온갖 자연이 내는 소리들은 그것들이 가진 고유한 목소리를 지니고 있다. 이들 자연이 전해주는 말들은 '듣기 좋은 소리' '음악이 되기도 하는 소리'이다. 그러는 반면 '듣기 싫은 소리' '소음이 되는 소리'는 인간의 욕망이 배어있는 소리가 대부분이다. 이 작품에서 시인은 '좋은 소리'들의 이름을 부른다. "현의 소리 건반의 소리 관악의 소리 타악의 소리" 등 악기들이 내는 소리, 즉 악기들이 아름다운 말을 들려준다고 한다. 이밖에 "아기의 웃음소리/일억 오천만 년 전부터 부르고 있는 귀뚜라미의 노래 소리/호젓한 산길에 새의 노래 소리/나뭇잎 귓불 간질이는 바람 소리" 등 자연의 소리들은 자연의 고유한 존재성을 규명하고 온갖 감각을 일깨우는 소리들은 "아름다운 소리"들이어서 참으로 많다고 한다.

  이 작품에서 화자가 주목하는 것은 물이 들려주는 말들이다. 물은 자유자재로 몸을 바꾸는 존재들이기도 하여 '동굴' '계곡' '폭포'에서 흐르는 물은 위에서 아래로 찾아드는 것들이어서, 자연의 순리에 순응하고 가공되지 않은 투명한 말을 들려준다고 인식하고 있다. 그러므로 화자는 물의 몸을 한 말에 귀를 기울이는 것이다.

순수하고 맑은 말에 대한 시인의 탐구는「가장 하얀 그러나 가장 검은 말」에서도 독특히 상상력을 발현한다. 어머니는 언제나 "괜찮다 괜찮다 나는 괜찮다"라고 말씀하신다. 어렵고 궂은일에도 '괜찮다'는 긍정의 말은 마치 "흰 갈기 휘날리며 푸른 초원 내달리는" 말[馬] 같고 '빛과 소금'처럼 유익하고 유용한 "천일염" 같다. 이러한 어머니의 모습을 말 떼[馬, 言]로 형상화시켰다.

「늙은 말」은 일종의 메타시이다. 시를 쓰면서 말[言] 고르기의 어려움을 그린 작품으로 시인이 육체를 가진 말을 찾아가는 과정을 보여준다.

「바람의 집」에서는 몸을 가지고 있지만 보이지 않는 말의 실체를 사람, 꽃, 새, 낙타, 사자, 아이, 물, 불이 들려주는 말의 빛깔과 감각을 형상화 하였다.